Impressum
Verlag: BABADADA GmbH, Nedderfeld 112 , 22529 Hamburg
Geschäftsführer / Verlagsleitung: Harald Hof
Druck: Books on Demand GmbH, In de Tarpen 42, 22848 Norderstedt

Imprint
Publisher: BABADADA GmbH, Nedderfeld 112 , 22529 Hamburg, Germany
Managing Director / Publishing direction: Harald Hof
Print: Books on Demand GmbH, In de Tarpen 42, 22848 Norderstedt, Germany

skola
škola

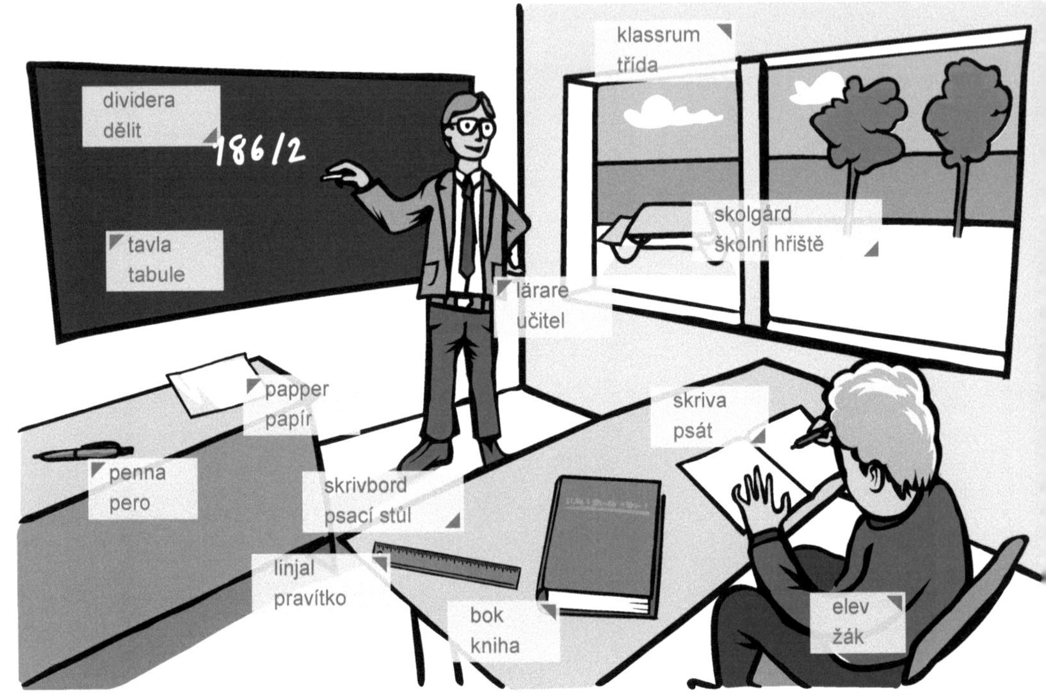
klassrum
třída
dividera
dělit
186/2
skolgård
školní hřiště
tavla
tabule
lärare
učitel
papper
papír
skriva
psát
penna
pero
skrivbord
psací stůl
linjal
pravítko
bok
kniha
elev
žák

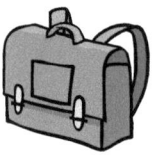

skolväska
aktovka

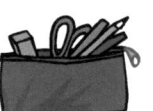

pennfodral
penál

blyertspenna
tužka

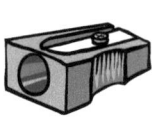

pennvässare
ořezávátko

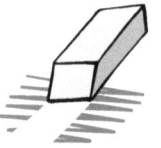

suddgummi
guma

ritblock
blok na kreslení

teckning

výkres

pensel

štětec

målarlåda

malířské potřeby

sax

nůžky

lim

lepidlo

övningsbok

cvičebnice

hemläxa

domácí úkol

tal

počet

addera

sčítat

subtrahera

odčítat

multiplicera

násobit

räkna

počítat

bokstav

písmeno

alfabet

abeceda

ord

slovo

text
text

läsa
číst

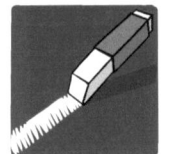

krita
křída

lektion
hodina

register
třídní kniha

prov
zkouška

intyg
vysvědčení

skoluniform
školní uniforma

utbildning
vzdělání

uppslagsverk
encyklopedie

universitet
univerzita

mikroskop
mikroskop

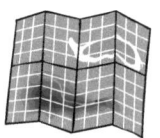

karta
karta

papperskorg
odpadkový koš na papír

resa
cesta

hotell
hotel
Grand
vandrarhem
ubytovna
ROOMS
EXCHANGE
växelkontor
směnárna
resväska
kufr
bil
auto

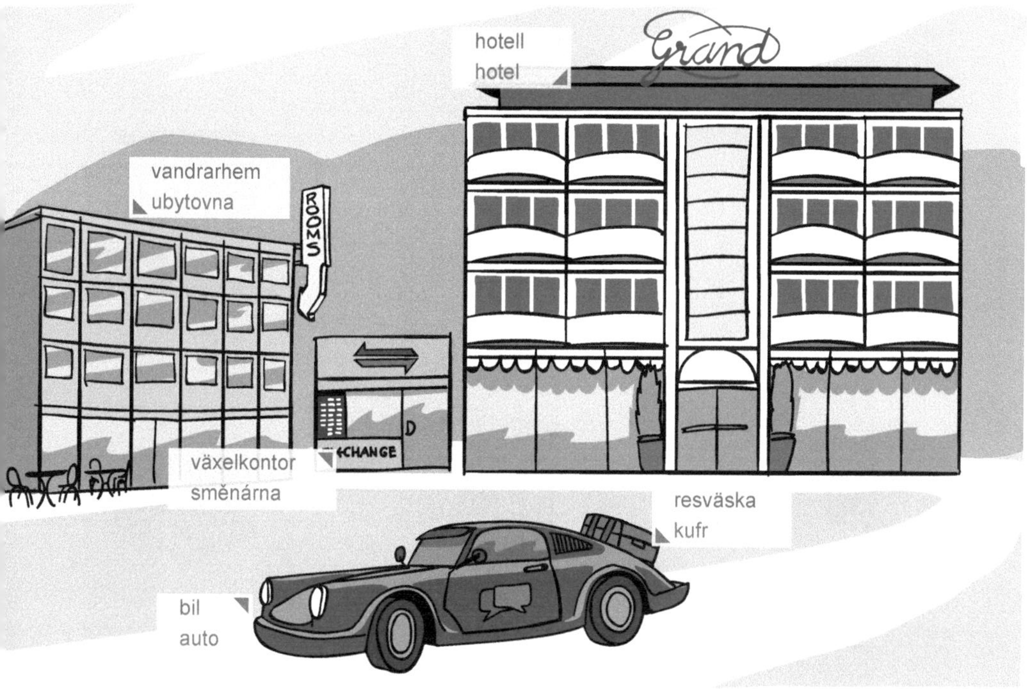

språk

jazyk

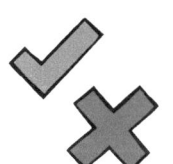

ja / nej

ano / ne

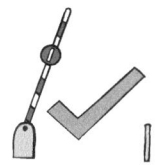

Okay

oukej

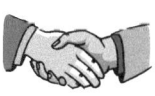

hej

Ahoj!

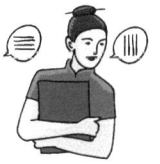

översättare

překladatel

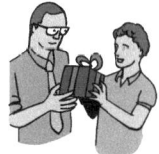

Tack

děkuji

hur mycket kostar…?

Kolik stojí…?

jag förstår inte

nerozumím

problem

problém

God kväll!

Dobrý večer!

God morgon!

Dobré ráno!

God natt!

Dobrou noc!

hejdå

na shledanou

riktning

směr

bagage

zavazadlo

väska

taška

ryggsäck

batoh

gäst

host

rum

pokoj

sovsäck

spací pytel

tält

stan

turistinformation

turistické informace

strand

pláž

kreditkort

kreditní karta

frukost

snídaně

lunch

oběd

middag

večeře

biljett

jízdenka

hiss

výtah

frimärke

poštovní známka

gräns

hranice

tull

clo

ambassad

poselství

visum

vízum

pass

pas

transport
transport

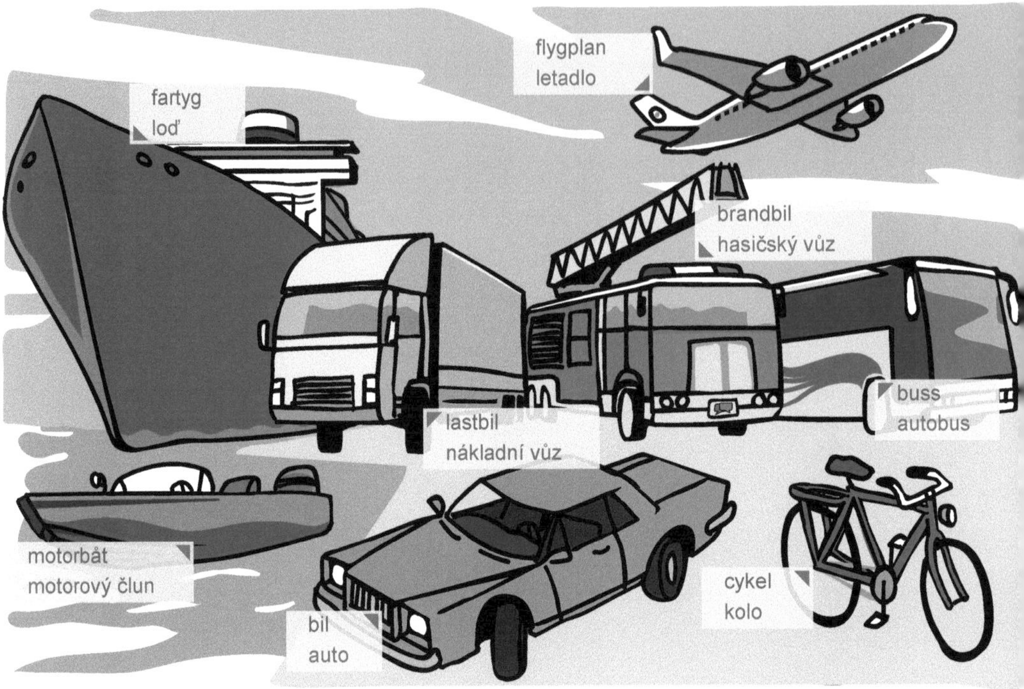
flygplan
letadlo
fartyg
loď
brandbil
hasičský vůz
buss
autobus
lastbil
nákladní vůz
motorbåt
motorový člun
cykel
kolo
bil
auto

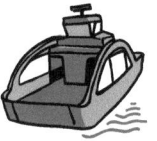

färja
přívoz

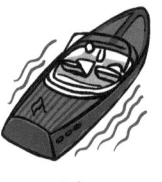

båt
člun

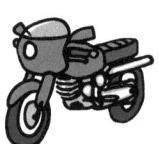

motorcykel
motorka

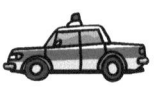

polisbil
policejní auto

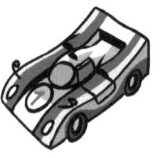

racerbil
závodní auto

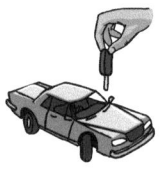

hyrbil
pronajaté auto

bilpool

sdílení aut

bärgningsbil

odtahová služba

sopbil

popelářský vůz

motor

motor

bränsle

palivo

bensinstation

čerpací stanice

vägmärke

dopravní značka

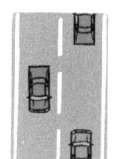

trafik

doprava

bilkö

dopravní zácpa

parkeringsplats

parkoviště

tågstation

vlakové nádraží

räls

koleje

tåg

vlak

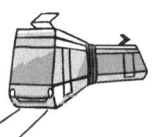

spårvagn

tramvaj

vagn

vagón

helikopter

helikoptéra

flygplats

letiště

torn

věž

passagerare

pasažér

container

kontejner

kartong

kartón

vagn

trakař

korg

koš

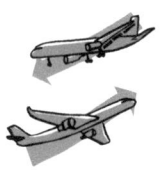

starta / landa

vzlétnout / přistát

stad

město

by

vesnice

centrum

střed města

hus

dům

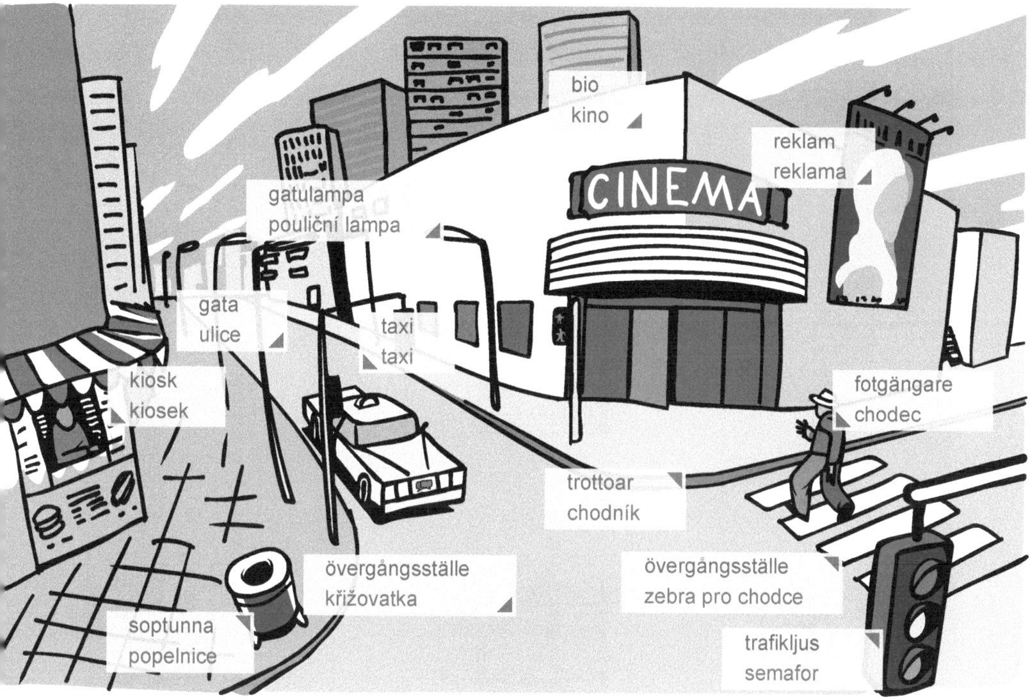

bio
kino

reklam
reklama

gatulampa
pouliční lampa

CINEMA

gata
ulice

taxi
taxi

fotgängare
chodec

kiosk
kiosek

trottoar
chodník

övergångsställe
křižovatka

övergångsställe
zebra pro chodce

soptunna
popelnice

trafikljus
semafor

stuga
chata

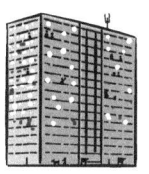

lägenhet
byt

tågstation
vlakové nádraží

stadshus
radnice

museum
muzeum

skola
škola

universitet

univerzita

bank

banka

sjukhus

nemocnice

hotell

hotel

apotek

lékárna

kontor

kancelář

bokhandel

knihkupectví

affär

obchod

blomsterbutik

květinářství

stormarknad

supermarket

marknad

tržnice

varuhus

obchodní dům

fiskhandlare

rybárna

köpcentrum

nákupní centrum

hamn

přístav

park

park

bänk

lavička

brygga

most

trappa

schody

tunnelbana

metro

tunnel

tunel

busshållplats

autobusová zastávka

bar

bar

restaurang

restaurace

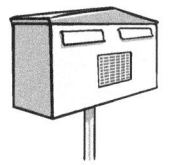

brevlåda

poštovní schránka

gatuskylt

pouliční tabule

parkeringsautomat

parkovací hodiny

zoo

zoo

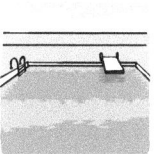

simbassäng

plovárna

moské

mešita

bondgård

usedlost

förorening

znečišťování životního prostředí

kyrkogård

hřbitov

kyrka

církev

lekplats

hřiště

tempel

chrám

landskap
krajina

löv
list

vägskylt
rozcestník

väg
cesta

äng
louka

sten
kámen

liftare
turista

träd
strom

flod
řeka

gräs
tráva

blomma
květina

dal
údolí

kulle
hora

sjö
jezero

skog
les

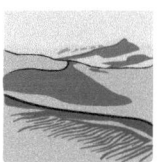

öken
poušť

vulkan
sopka

slott
zámek

regnbåge
duha

svamp
houba

palm
palma

mygga
komár

fluga
moucha

myra
mravenec

bi
včela

spindel
pavouk

skalbagge

brouk

groda

žába

ekorre

veverka

igelkott

ježek

hare

zajíc

uggla

sova

fågel

pták

svan

labuť

vildsvin

divoké prase

rådjur

jelen

älg

los

damm

přehrada

vindkraftverk

větrné kolo

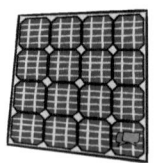

solcellspanel

solární panel

klimat

podnebí

landskap - krajina

restaurang

restaurace

servitör
číšník
meny
jídelní lístek
stol
židle
soppa
polévka
pizza
pizza
bestick
příbor
bordsduk
ubrus

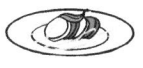

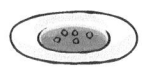

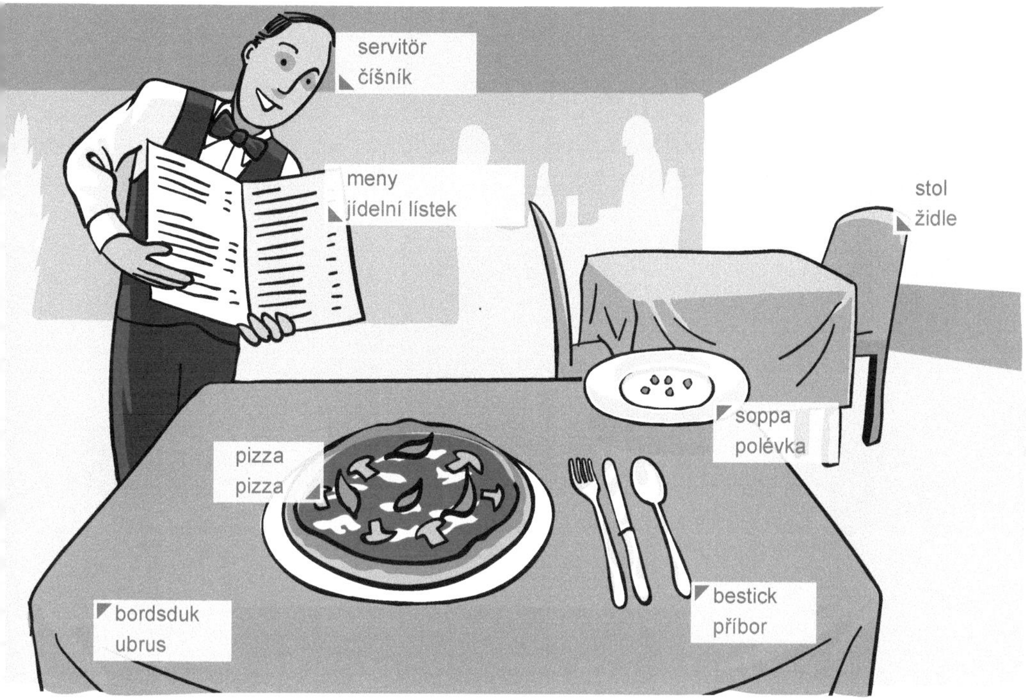

förrätt
....
předkrm

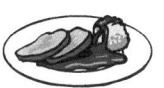

huvudrätt
....
hlavní chod

dessert
....
dezert

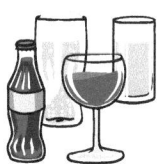

drycker
....
nápoje

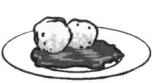

mat
....
jídlo

flaska
....
láhev

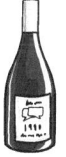

snabbmat

rychlé občerstvení

street food

pouliční občerstvení

tekanna

čajová konvice

sockerskål

cukřenka

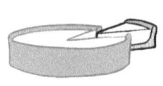

portion

porce

espressomaskin

kávovar na espresso

barnstol

dětská stolička

räkning

faktura

bricka

tác

kniv

nůž

gaffel

vidlička

sked

lžíce

tesked

čajová lyžička

servett

ubrousek

glas

sklenička

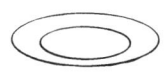

tallrik

talíř

sopptallrik

talíř na polévku

tefat

podšálek

sås

omáčka

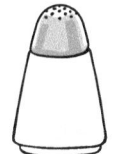

saltkar

slánka

pepparkvarn

mlýnek na pepř

vinäger

ocet

olja

olej

kryddor

koření

ketchup

kečup

senap

hořčice

majonnäs

majonéza

stormarknad
supermarket

specialerbjudande
nabídka
FOR
kund
zákazník
mejeriprodukter
mléčné výrobky
frukt
ovoce
varukorg
nákupní vozík

BUTCHERS

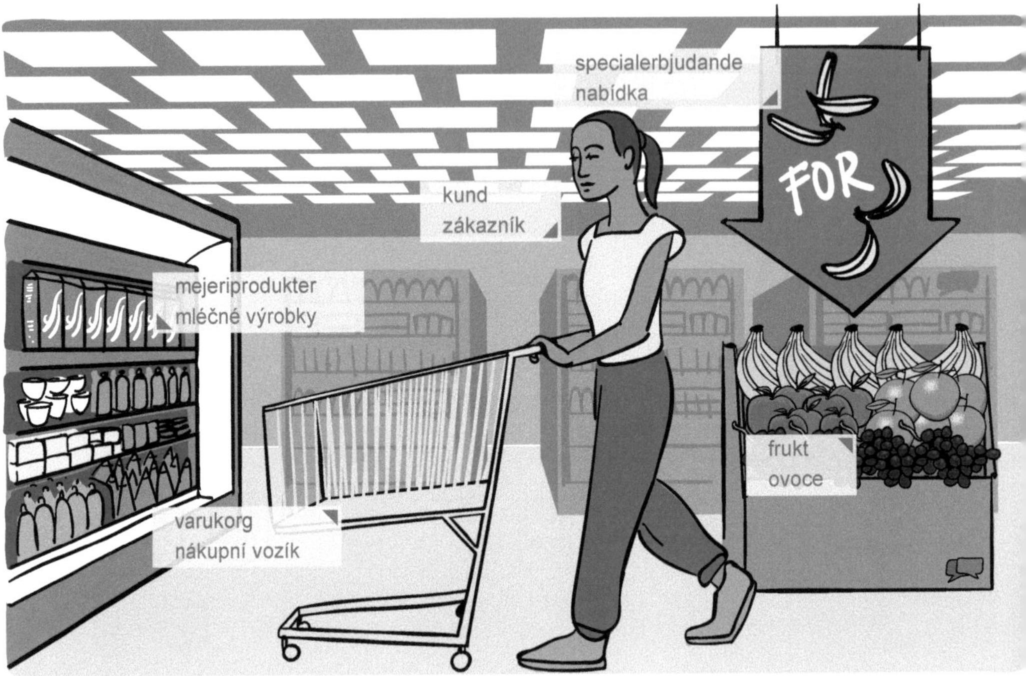

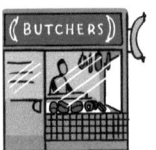

charkuteri

masna

BAKERY

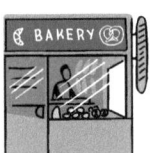

bageri

pekařství

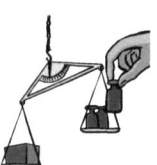

väga

vážit

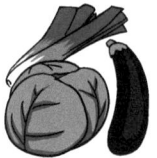

grönsaker

zelenina

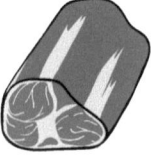

kött

maso

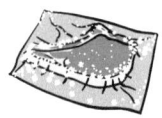

frysta livsmedel

mražené potraviny

pålägg

obložený talíř

konserver

konzervy

tvättmedel

prací prášek

godis

cukrovinky

hushållsprodukter

výrobky pro domácnost

rengöringsmedel

čisticí prostředek

försäljare

prodavačka

kassa

pokladna

kassör

pokladní

inköpslista

nákupní seznam

öppettider

otevírací doba

plånbok

peněženka

kreditkort

kreditní karta

väska

taška

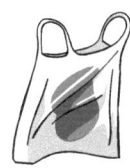

plastpåse

igelitová taška

stormarknad - supermarket

21

vatten
voda

juice
džus

mjölk
mléko

cola
kola

vin
víno

öl
pivo

alkohol
alkohol

kakao
kakao

te
čaj

kaffe
káva

espresso
espresso

cappuccino
kapučíno

banan

banán

äpple

jablko

apelsin

pomeranč

melon

meloun

citron

citrón

morot

mrkev

vitlök

česnek

bambu

bambus

lök

cibule

svamp

houba

nötter

ořechy

nudlar

těstoviny

spaghetti

špageti

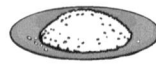

ris

rýže

sallad

salát

pommes frites

hranolky

stekt potatis

americké brambory

pizza

pizza

hamburgare

hamburger

smörgås

sendvič

schnitzel

řízek

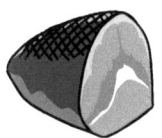

skinka

šunka

salami

salám

korv

salám

kyckling

kuře

stek

pečeně

fisk

ryby

havregryn

ovesné vločky

müsli

müsli

cornflakes

vločky

mjöl

mouka

croissant

croissant

fralla

houska

bröd

chléb

rostat bröd

toast

kex

sušenky

smör

máslo

kvarg

tvaroh

kaka

buchta

ägg

vejce

stekt ägg

volské oko

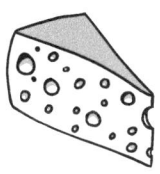

ost

sýr

glass

zmrzlina

socker

cukr

honung

med

sylt

marmeláda

nougatkräm

nugátový krém

curry

kari

bondgård
usedlost

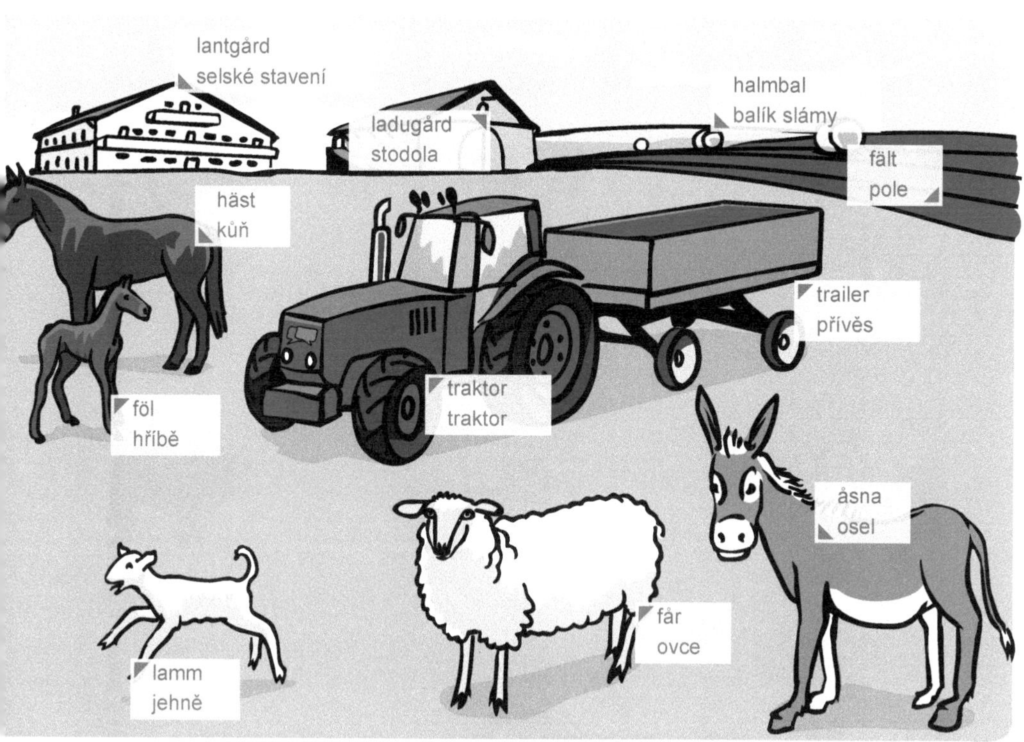
lantgård
selské stavení
ladugård
stodola
halmbal
balík slámy
fält
pole
häst
kůň
trailer
přívěs
föl
hříbě
traktor
traktor
åsna
osel
får
ovce
lamm
jehně

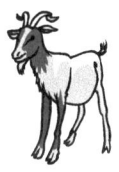

get

koza

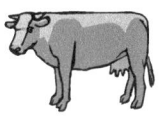

ko

kráva

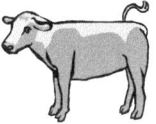

kalv

tele

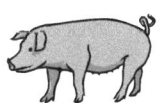

gris

prase

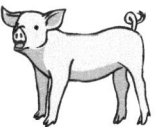

griskulting

sele

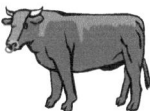

tjur

býk

gås
husa

anka
kachna

kyckling
kuře

höna
slepice

tupp
kohout

råtta
krysa

katt
kočka

mus
myš

oxe
vůl

hund
pes

hundkoja
psí bouda

trädgårdsslang
zahradní hadice

vattenkanna
kropicí konev

lie
kosa

plog
pluh

skära

srp

hacka

motyka

högaffel

vidle

yxa

sekera

skottkärra

kolecko

tråg

koryto

mjölkflaska

konev na mléko

säck

pytel

staket

plot

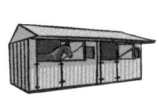

stall

stáj

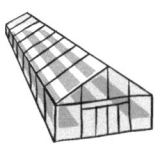

växthus

skleník

jord

půda

säd

osivo

gödsel

hnojivo

skördetröska

kombajn

skörda

sklidit

skörd

sklizeň

jams

smldinec

vete

pšenice

soja

sója

potatis

brambora

majs

kukuřice

raps

řepka

fruktträd

ovocný strom

maniok

maniok

spannmål

obilí

hus
dům

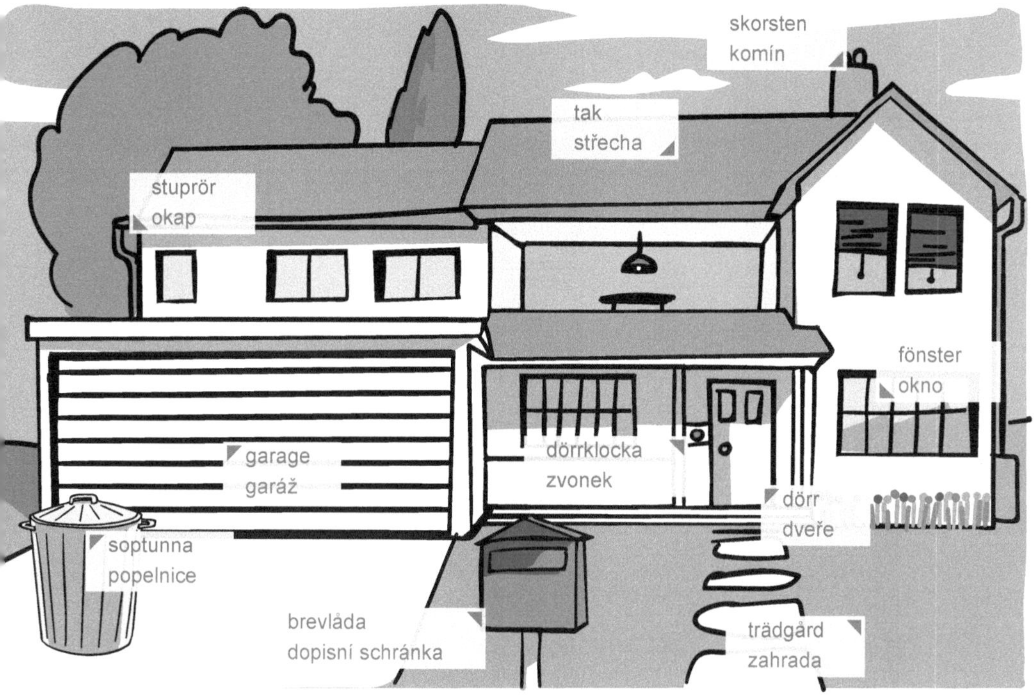
skorsten
komín
tak
střecha
stuprör
okap
fönster
okno
dörrklocka
zvonek
garage
garáž
dörr
dveře
soptunna
popelnice
brevlåda
dopisní schránka
trädgård
zahrada

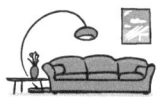

vardagsrum
obývací pokoj

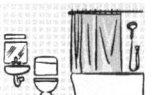

badrum
koupelna

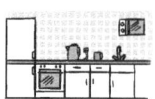

kök
kuchyně

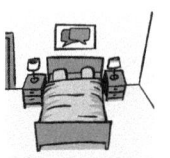

sovrum
ložnice

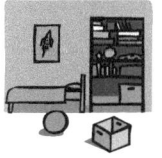

barnrum
dětský pokoj

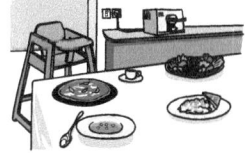

matsal
jídelna

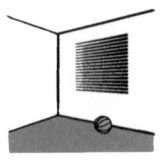

golv

podlaha

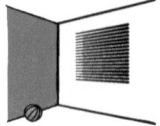

vägg

zeď

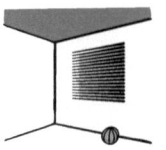

tak

deka

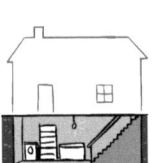

källare

sklep

bastu

sauna

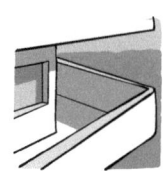

balkong

balkón

terrass

terasa

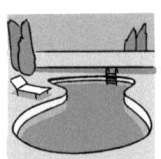

bassäng

bazén

gräsklippare

sekačka na trávu

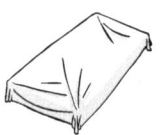

lakan

ložní prádlo

överkast

lůžková přikrývka

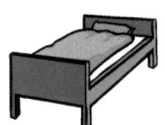

säng

postel

kvast

smeták

hink

kýbl

strömbrytare

vypínač

vardagsrum
obývací pokoj

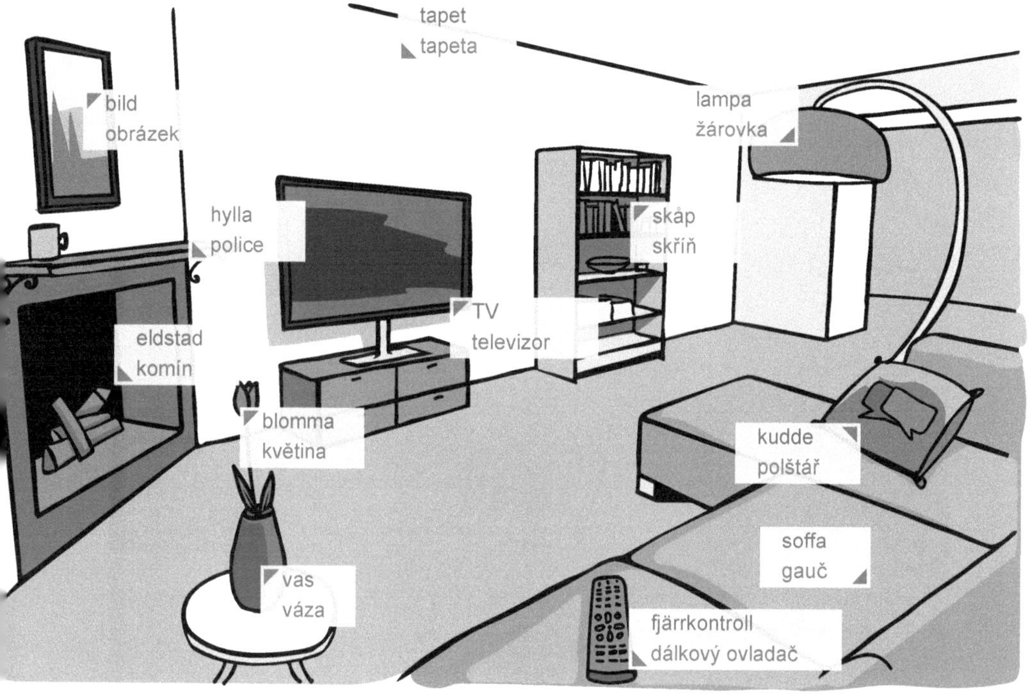
tapet
tapeta
bild
obrázek
lampa
žárovka
hylla
police
skåp
skříň
TV
televizor
eldstad
komín
blomma
květina
kudde
polštář
soffa
gauč
vas
váza
fjärrkontroll
dálkový ovladač

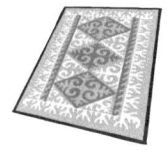

matta
koberec

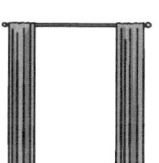

gardin
závěs

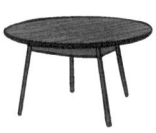

bord
stůl

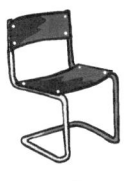

stol
židle

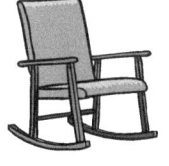

gungstol
houpací křeslo

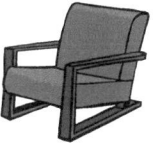

fåtölj
křeslo

bok

kniha

filt

strop

dekoration

ozdoba

vedträ

palivové dříví

film

film

stereoanläggning

stereo souprava

nyckel

klíč

dagstidning

noviny

målning

malba

poster

plakát

radio

rádio

anteckningsbok

poznámkový blok

dammsugare

vysavač

kaktus

kaktus

stearinljus

svíce

kök
kuchyně

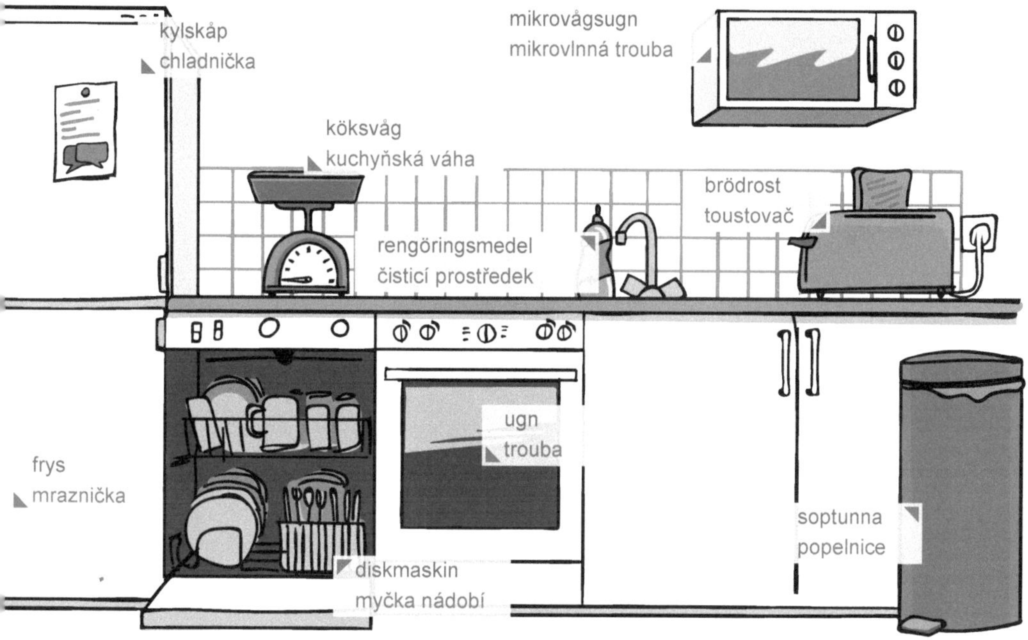

kylskåp
chladnička
mikrovågsugn
mikrovlnná trouba
köksvåg
kuchyňská váha
brödrost
toustovač
rengöringsmedel
čisticí prostředek
ugn
trouba
frys
mraznička
soptunna
popelnice
diskmaskin
myčka nádobí

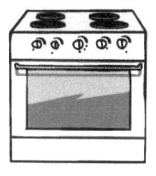

spis
sporák

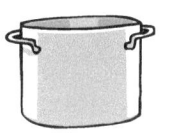

kastrull
hrnec

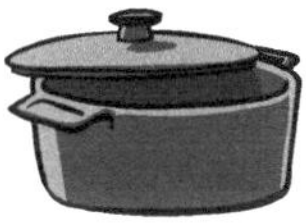

järngryta
litinový hrnec

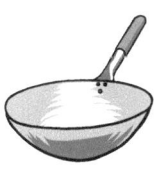

wok / kadai
wok / kadai

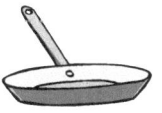

stekpanna
pánev

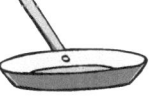

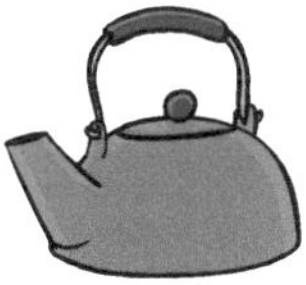

vattenkokare
varná konvice

ångkokare

parní hrnec

bakplåt

plech na pečení

porslin

nádobí

mugg

hrnek

skål

miska

ätpinnar

jídelní hůlky

soppslev

naběračka

stekspade

obracečka

visp

metla

durkslag

síto

sil

cedník

rivjärn

struhadlo

mortel

hmoždíř

grill

gril

brasa

ohniště

skärbräda

prkénko na krájení

kavel

váleček na těsto

korkskruv

vývrtka

burk

dóza

burköppnare

otvírák na konzervy

grytlapp

chňapka

vask

umyvadlo

borste

kartáč na nádobí

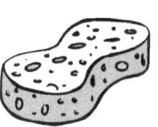

svamp

houba

mixer

mixér

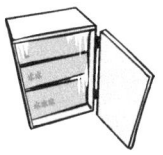

frys

mrazák

nappflaska

dětská lahev

kran

kohoutek

kök - kuchyně

badrum
koupelna

värme
topení
dusch
sprcha
handduk
ručník
duschdraperi
sprchový závěs
bubbelbad
pěnová koupel
badkar
vana
glas
sklenička
tvättmaskin
pračka
kran
kohoutek
kakel
obkladačky
potta
nočník
vask
umyvadlo

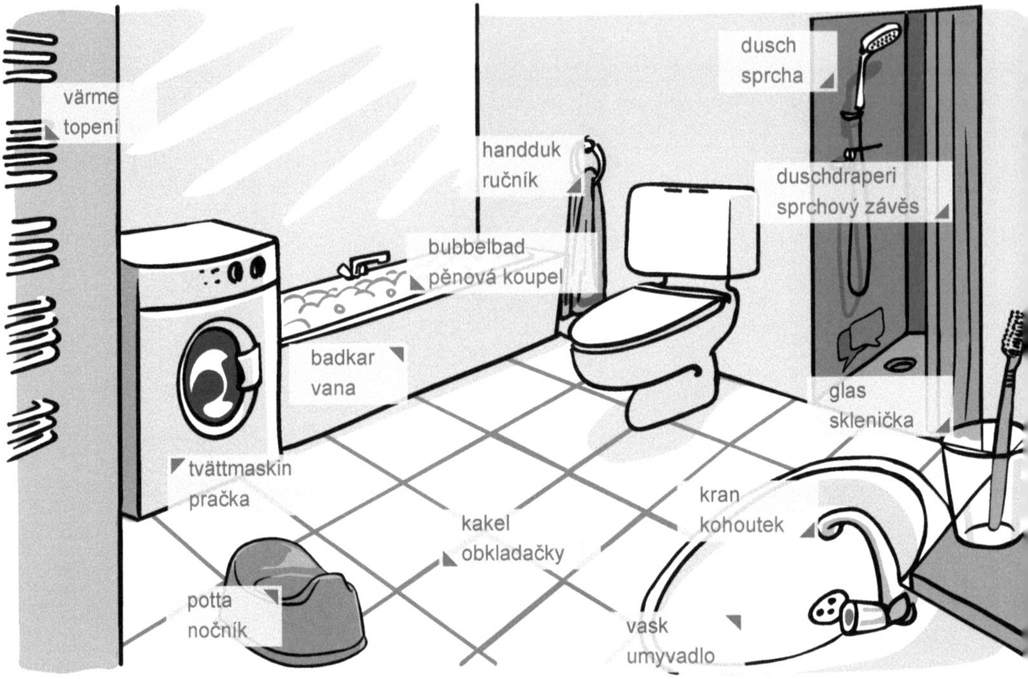

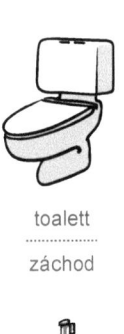

toalett
záchod

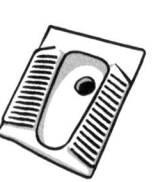

låg toalett
turecký záchod

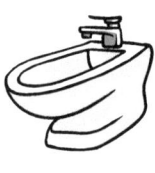

bidet
bidet

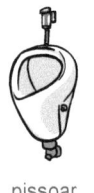

pissoar
pisoár

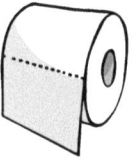

toalettpapper
toaletní papír

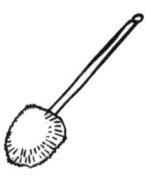

toalettborste
záchodová štětka

tandborste

zubní kartáček

tandkräm

zubní pasta

tandtråd

zubní niť

tvätta

mýt

handdusch

ruční sprcha

intimdusch

intimní sprcha

handfat

umyvadlo

ryggborste

kartáč na záda

tvål

mýdlo

duschgel

sprchový gel

schampo

šampón

trasa

žínka

avlopp

odpad

crème

krém

deodorant

deodorant

spegel

zrcadlo

handspegel

kosmetické zrcátko

rakhyvel

holicí strojek

raklödder

pěna na holení

rakvatten

voda po holení

kam

hřeben

borste

kartáč

hårtork

fén

hårspray

lak na vlasy

smink

makeup

läppstift

rtěnka

nagellack

lak na nehty

bomullsvadd

vata

nagelsax

nůžky na nehty

parfym

parfém

necessär

aška s toaletními potřebami

pall

stolička

våg

váha

badrock

župan

gummihandskar

gumové rukavice

tampong

tampón

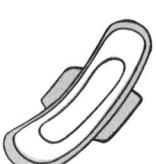

binda

dámská vložka

kemisk toalett

chemická toaleta

barnrum
dětský pokoj

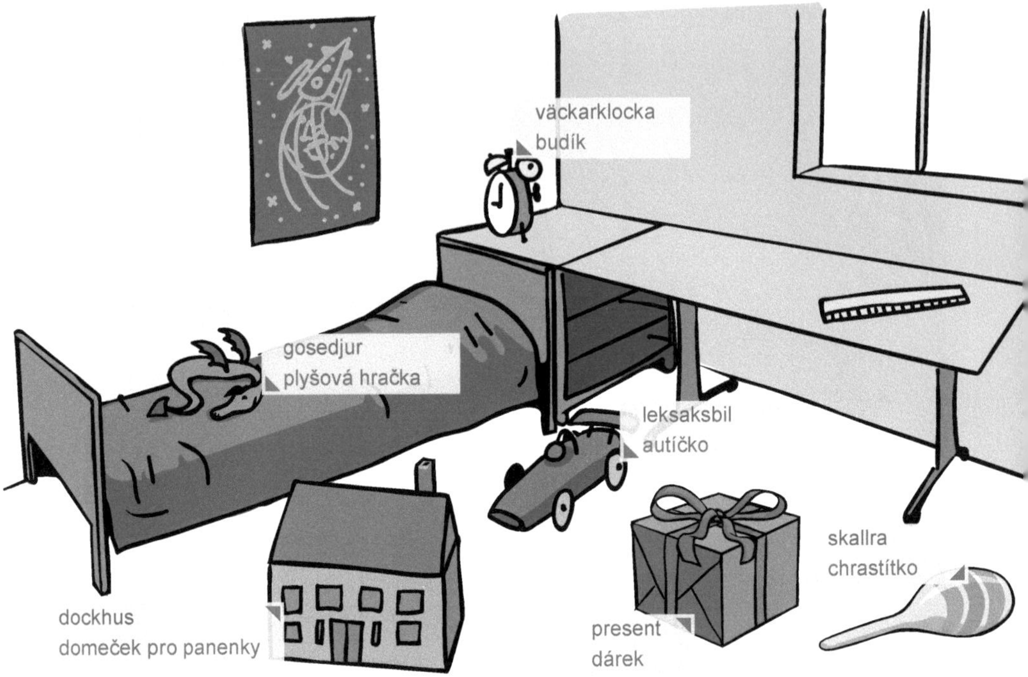
väckarklocka
budík
gosedjur
plyšová hračka
leksaksbil
autíčko
skallra
chrastítko
dockhus
domeček pro panenky
present
dárek

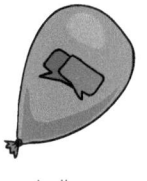

ballong

balón

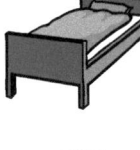

säng

postel

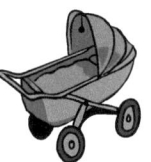

barnvagn

kočárek

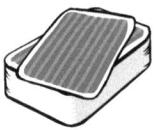

kortlek

balíček karet

pussel

puzzle

SUPER
MEGA

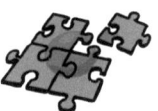

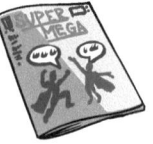

serietidning

komiks

legobitar
lego kostky

klossar
stavebnice

actionfigur
akční figurka

sparkdräkt
dupačky

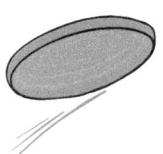

frisbee
frisbee

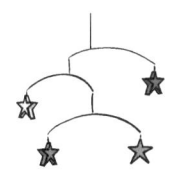

mobil
závěsné hračky nad postýlku

brädspel
desková hra

tärning
kostky

modelljärnväg
modelová železnice

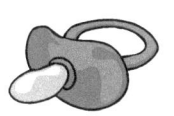

napp
dudlík

party
oslava

bilderbok
obrázková kniha

boll
míč

docka
panenka

spela
hrát si

sandlåda

pískoviště

gunga

houpačka

leksaker

hračky

spelkonsol

hrací konzole

trehjuling

tříkolka

nalle

medvídek

garderob

šatník

kläder

oblečení

sockar

ponožky

strumpor

punčochy

tights

punčochové kalhoty

halsduk
šála

bälte
pásek

paraply
deštník

t-shirt
tričko

sneakers
tenisky

stövlar
kozačky

tofflor
domácí obuv

| sandaler | skor | gummistövlar |
| sandály | obuv | holínky |

| underbyxor | BH | linne |
| spodní prádlo | podprsenka | nátělník |

body

body

byxor

kalhoty

jeans

džíny

kjol

sukně

blus

blůza

skjorta

košile

pullover

svetr

sweater

mikina

blazer

blejzr

jacka

bunda

kappa

kabát

regnjacka

pláštěnka

dräkt

kostým

klänning

šaty

bröllopsklänning

svatební šaty

kostym

oblek

nattlinne

noční košile

pyjamas

pyžamo

sari

sárí

slöja

šátek na hlavu

turban

turban

burka

burka

kaftan

kaftan

abaya

abája

baddräkt

plavky

badbyxor

pánské plavky

shorts

kraťasy

träningsoverall

tepláková souprava

förkläde

zástěra

handskar

rukavice

kläder - oblečení

knapp

knoflík

glasögon

brýle

armband

náramek

halsband

náhrdelník

ring

prsten

örhänge

náušnice

mössa

čepice

galge

ramínko

hatt

klobouk

slips

kravata

dragkedja

zip

hjälm

helma

hängslen

kšandy

skoluniform

školní uniforma

uniform

uniforma

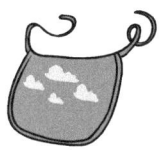

haklapp

bryndák

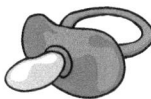

napp

dudlík

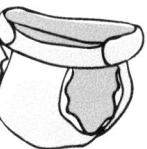

blöja

plena

kontor

kancelář

server
server
dokumentskåp
kartotéka
papper
papír
skrivare
tiskárna
bildskärm
monitor
skrivbord
psací stůl
mus
myš
mapp
šanon
tangentbord
klávesnice
papperskorg
odpadkový koš na papír
dator
počítač
stol
židle

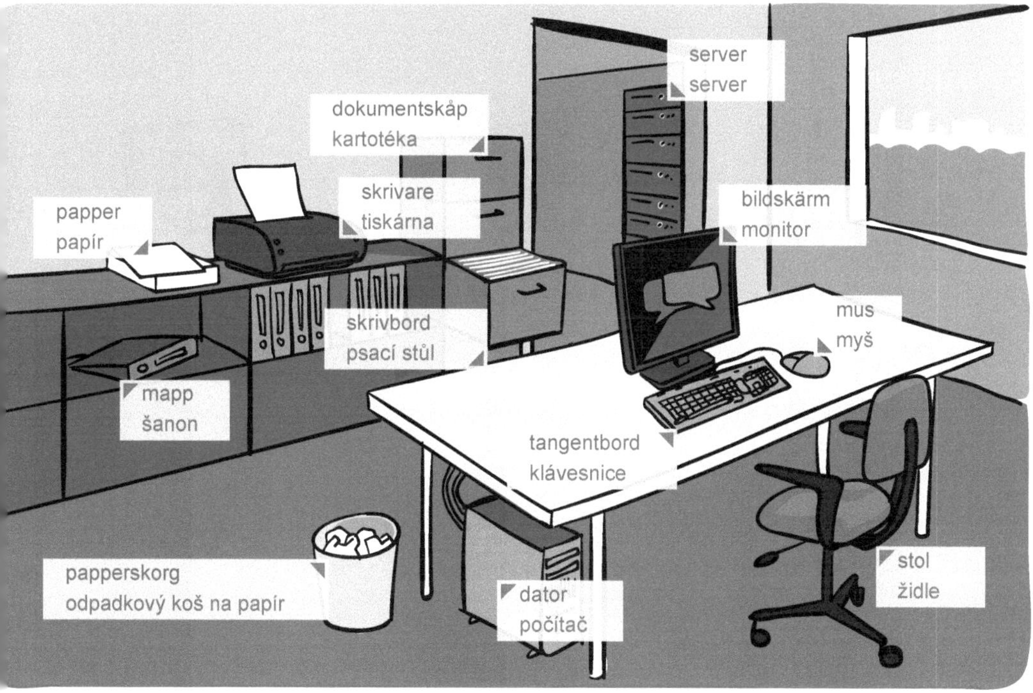

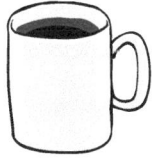

kaffemugg

hrnek na kávu

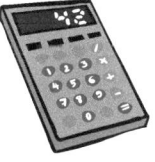

miniräknare

kalkulačka

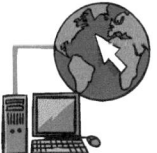

internet

internet

bärbar dator

notebook

brev

dopis

meddelande

zpráva

mobiltelefon

mobil

nätverk

síť

kopieringsapparat

kopírka

programvara

software

telefon

telefon

vägguttag

zásuvka

fax

fax

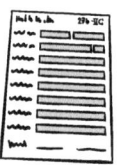

blankett

formulář

dokument

dokument

kontor - kancelář

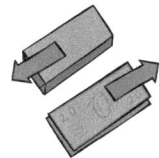

köpa

nakupovat

betala

zaplatit

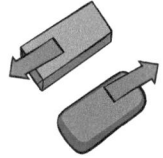

handla

jednat

pengar

peníze

dollar

dolar

euro

euro

yen

jen

rubel

rubl

schweizisk franc

frank

renminbi yan

juan

rupie

rupie

bankomat

bankomat

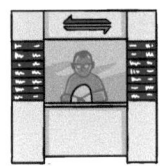

växelkontor

směnárna

guld

zlato

silver

stříbro

olja

olej

energi

energie

pris

cena

kontrakt

smlouva

skatt

daň

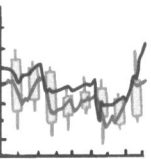

aktie

akcie

arbeta

pracovat

anställd

zaměstnanec

arbetsgivare

zaměstnavatel

fabrik

továrna

affär

obchod

yrken
povolání

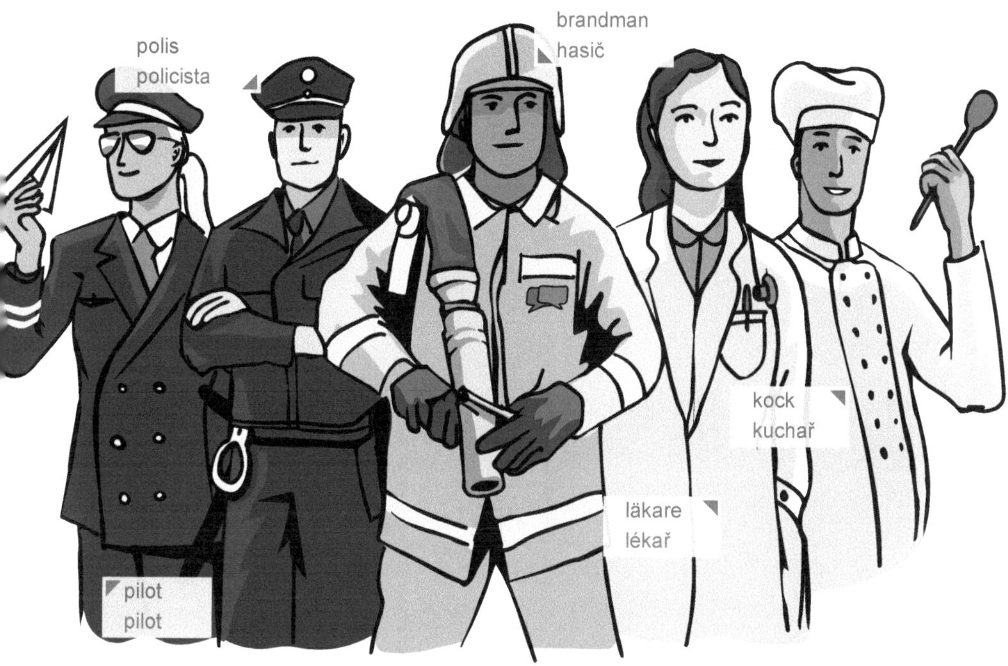

polis
policista
brandman
hasič
kock
kuchař
läkare
lékař
pilot
pilot

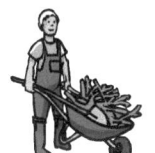

trädgårdsmästare

zahradník

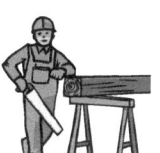

snickare

truhlář

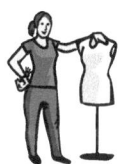

sömmerska

švadlena

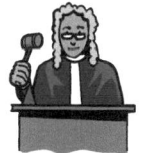

domare

soudce

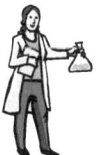

kemist

chemik

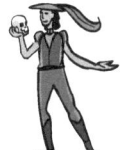

skådespelare

herec

busschaufför

řidič autobusu

taxichaufför

řidič taxi

fiskare

rybář

städerska

uklízečka

takläggare

pokrývač

servitör

číšník

jägare

myslivec

målare

malíř

bagare

pekař

elektriker

elektrikář

byggarbetare

stavební dělník

ingenjör

inženýr

slaktare

řezník

rörmokare

klempíř

brevbärare

listonoš

soldat

voják

arkitekt

architekt

kassör

pokladní

florist

florista

frisör

kadeřník

konduktör

průvodčí

mekaniker

mechanik

kapten

kapitán

tandläkare

zubař

vetenskapsman

vědec

rabbin

rabín

imam

imám

munk

mnich

präst

duchovní

verktyg
nářadí

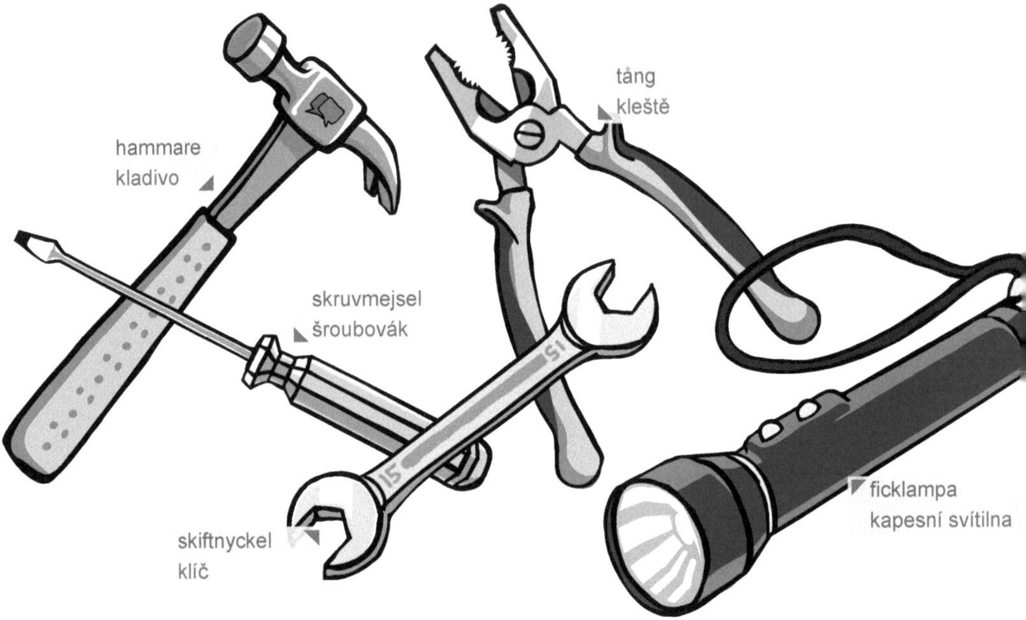
tång
kleště
hammare
kladivo
skruvmejsel
šroubovák
ficklampa
kapesní svítilna
skiftnyckel
klíč

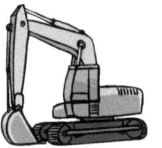

grävmaskin

bagr

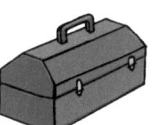

verktygslåda

skříň na nářadí

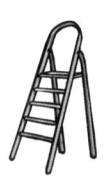

stege

žebřík

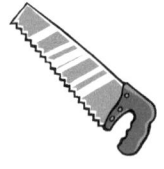

såg

pila

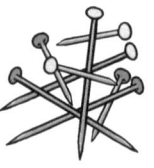

spik

hřebíky

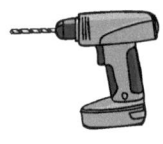

borr

vrtačka

reparera

opravit

spade

lopata

Helvete!

Kurva!

sopskyffel

lopatka

färgburk

vědroé na barvu

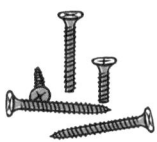

skruvar

šrouby

musikinstrument
hudební nástroje

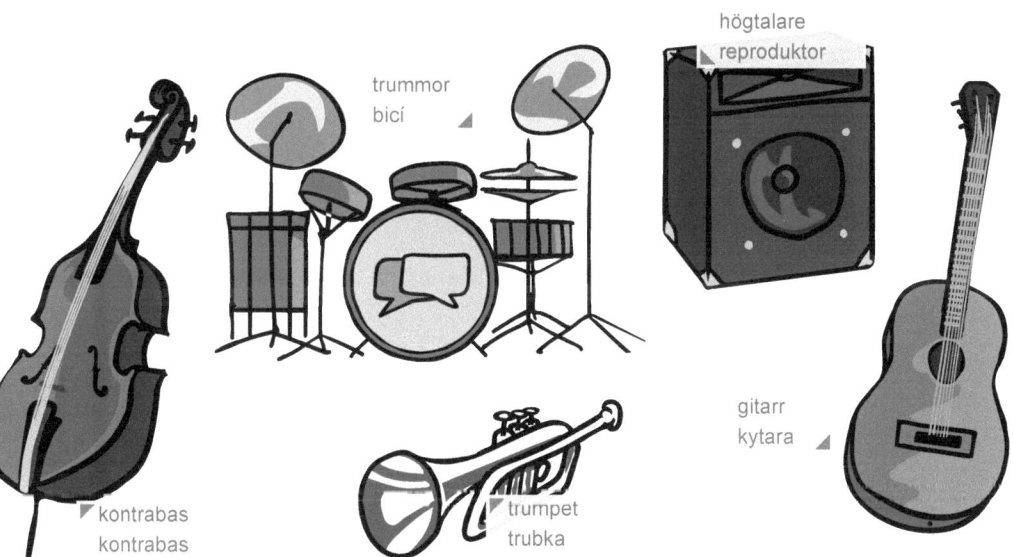

trummor
bicí

högtalare
reproduktor

gitarr
kytara

kontrabas
kontrabas

trumpet
trubka

piano

klavír

violin

housle

bas

basa

timpani

tympán

trumma

bubny

keyboard

keyboard

saxofon

saxofon

flöjt

flétna

mikrofon

mikrofon

musikinstrument - hudební nástroje

ZOO

ZOO

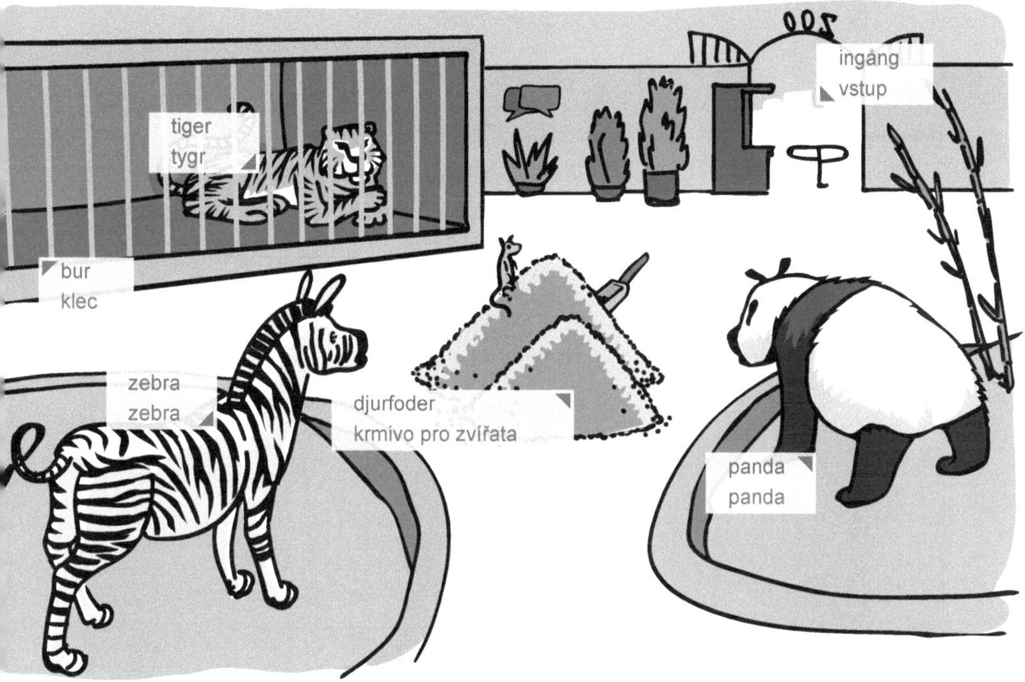

ingång
vstup
tiger
tygr
bur
klec
zebra
zebra
djurfoder
krmivo pro zvířata
panda
panda

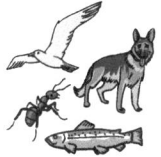

djur
zvířata

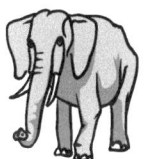

elefant
slon

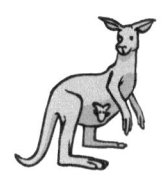

känguru
klokan

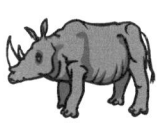

noshörning
nosorožec

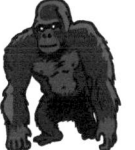

gorilla
gorila

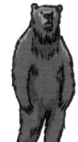

björn
medvěd

kamel

velbloud

struts

pštros

lejon

lev

apa

opice

flamingo

plameňák

papegoja

papoušek

isbjörn

lední medvěd

pingvin

tučňák

haj

žralok

påfågel

páv

orm

had

krokodil

krokodýl

djurskötare

ošetřovatel zvířat

säl

tuleň

jaguar

jaguár

ponny

poník

leopard

leopard

flodhäst

hroch

giraff

žirafa

örn

orel

vildsvin

divoké prase

fisk

ryby

sköldpadda

želva

valross

mrož

räv

liška

gazell

gazela

amerikansk fotboll
americký fotbal

cykling
cyklistika

tennis
tenis

basket
košíková

simning
plavání

boxning
box

ishockey
lední hokej

fotboll	badminton	friidrott
kopaná	badminton	lehká atletika
handboll	skidåkning	polo
házená	běh na lyžích	vodní pólo

skratta
smát se

hoppa
skočit

krama
objímat

sjunga
zpívat

gå
jít

be
modlit se

kyssa
políbit

drömma
snít

skriva	rita	visa
psát	kreslit	ukazovat
skjuta	ge	ta
tlačit	dát	vzít si

hagel

mít

göra

dělat

vara

být

stå

stát

springa

běhat

dra

táhnout

kasta

hodit

falla

padat

ligga

ležet

vänta

čekat

bära

nosit

sitta

sedět

klä på

oblékat

sova

spát

vakna

vzbudit se

se på

prohlédnout si

gråta

plakat

smeka

pohladit

kamma

česat

prata

hovořit

förstå

rozumět

fråga

ptát se

höra

slyšet

dricka

pít

äta

jíst

städa

uklidit

älska

milovat

laga mat

vařit

köra

jet

flyga

letět

segla

plachtit

räkna

počítat

läsa

číst

lära sig

učit se

arbeta

pracovat

gifta sig

vzít si

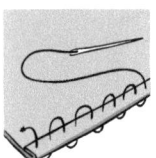

sy

šít

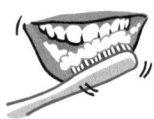

borsta tänderna

čistit si zuby

döda

zabít

röka

kouřit

skicka

poslat

familj
rodina

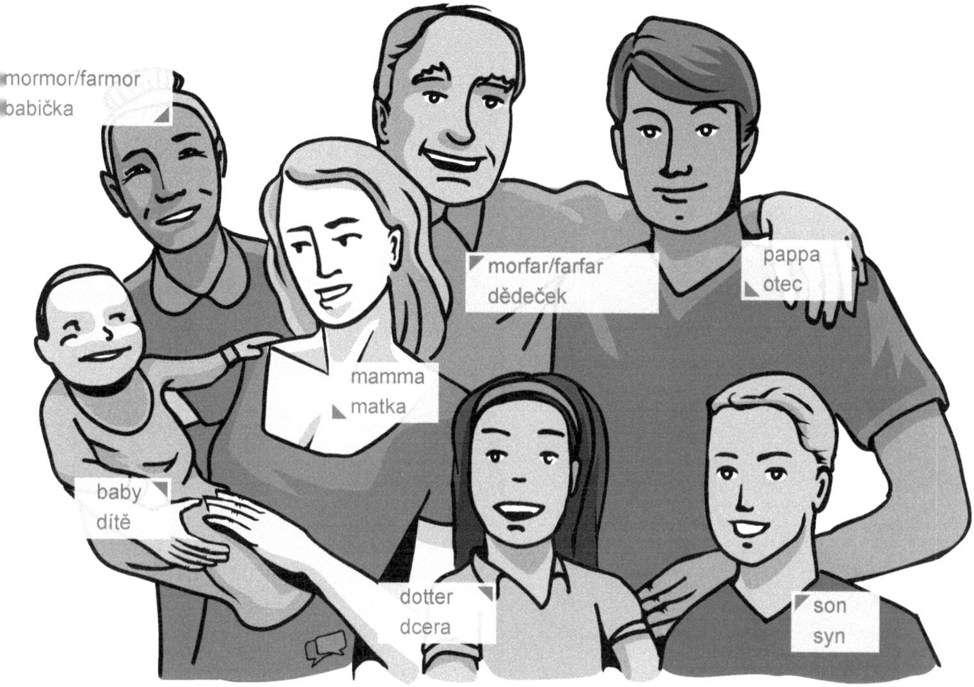
mormor/farmor
babička
morfar/farfar
dědeček
pappa
otec
mamma
matka
baby
dítě
dotter
dcera
son
syn

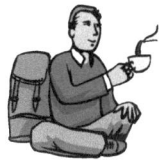

gäst
host

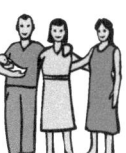

moster/faster
teta

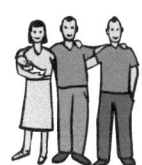

farbror/morbror
strýc

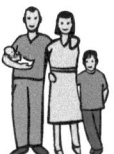

bror
bratr

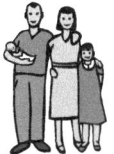

syster
sestra

kropp
tělo

panna
čelo
öga
oko
skuldra
rameno
finger
prst
ansikte
obličej
haka
brada
hand
ruka
ben
dolní končetina
bröst
hruď
arm
paže

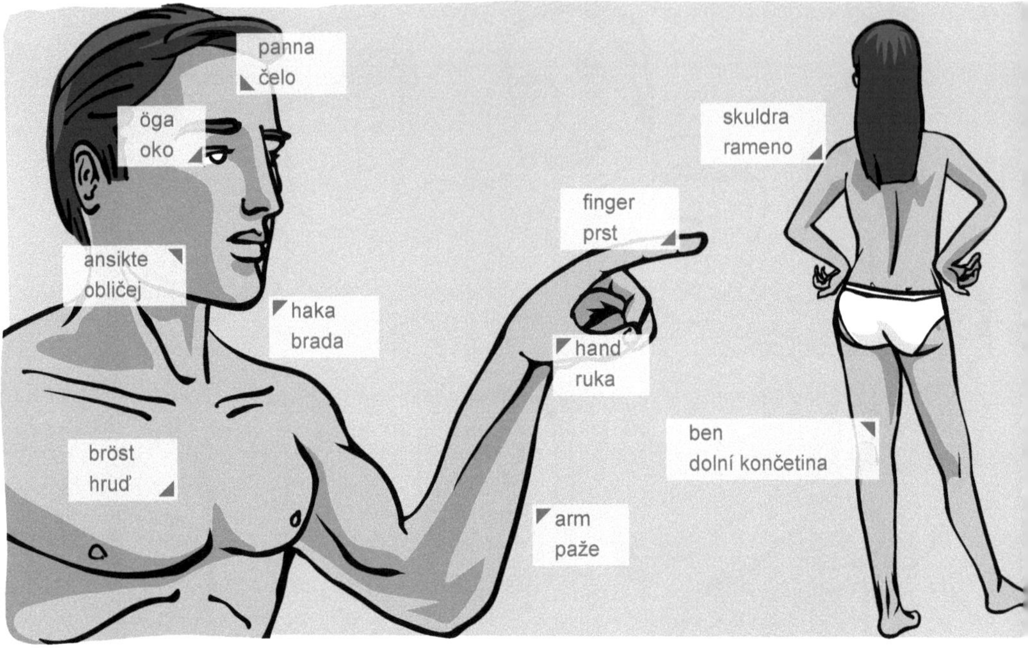

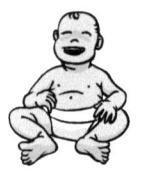

baby

dítě

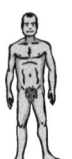

man

muž

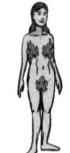

kvinna

žena

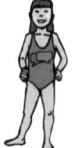

flicka

dívka

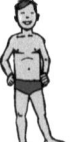

pojke

chlapec

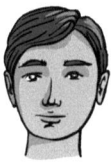

huvud

hlava

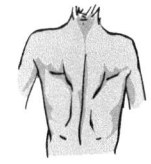

rygg

záda

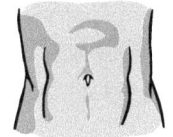

mage

břicho

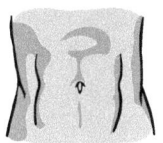

navel

pupík

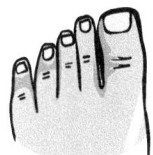

tå

prst na noze

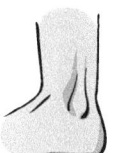

häl

pata

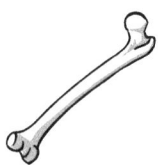

ben

kost

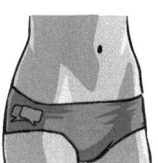

höft

bok

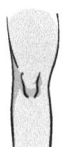

knä

koleno

armbåge

loket

näsa

nos

stjärt

zadek

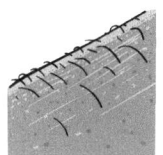

hud

kůže

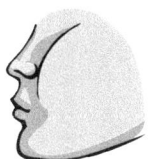

kind

tvář

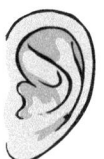

öra

ucho

läpp

ret

mun

ústa

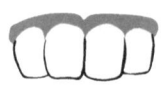

tand

zub

tunga

jazyk

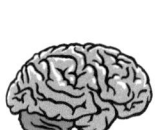

hjärna

mozek

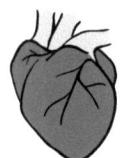

hjärta

srdce

muskel

sval

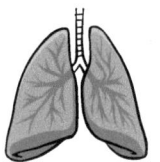

lunga

plíce

lever

játra

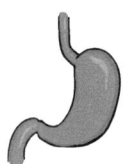

magsäck

žaludek

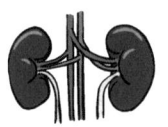

njurar

ledviny

sex

pohlavní styk

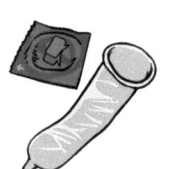

kondom

kondom

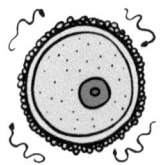

äggcell

vajíčko

sperma

sperma

graviditet

těhotenství

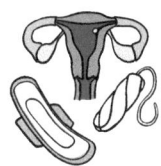

menstruation

menstruace

vagina

vagina

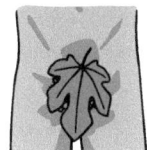

penis

penis

ögonbryn

obočí

hår

vlasy

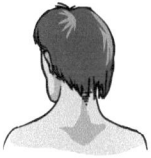

nacke

krk

sjukhus
nemocnice

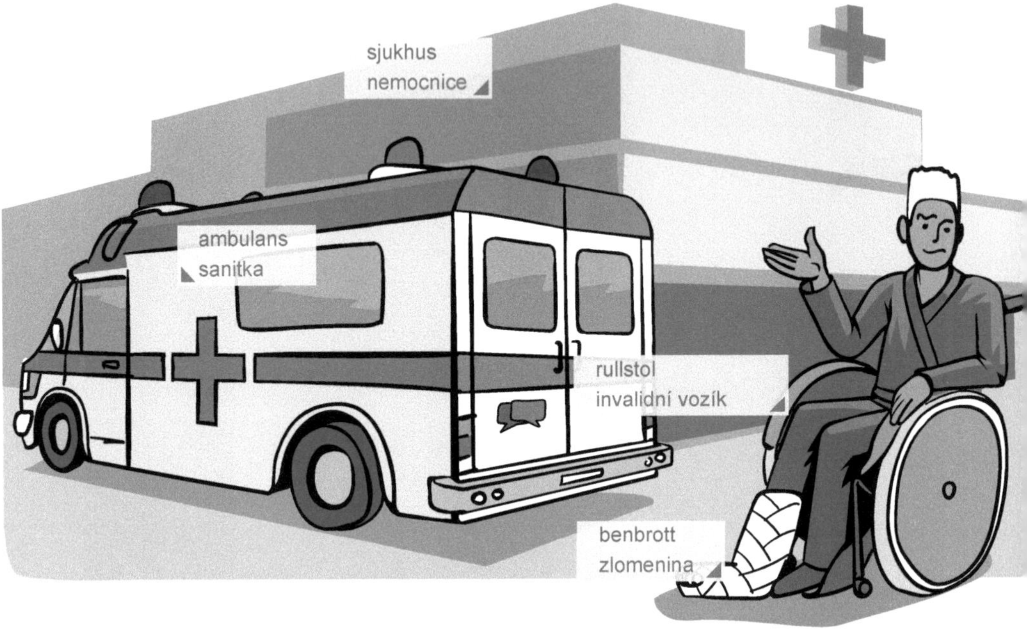
sjukhus
nemocnice
ambulans
sanitka
rullstol
invalidní vozík
benbrott
zlomenina

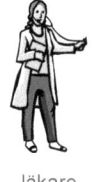

läkare

lékař

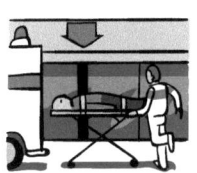

akutmottagning

pohotovost

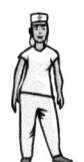

sjuksköterska

zdravotní sestra

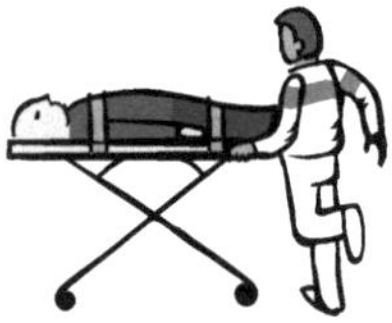

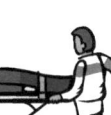

nödsituation

urgentní případ

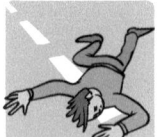

medvetslös

v bezvědomí

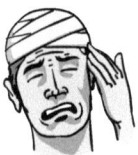

smärta

bolest

skada

úraz

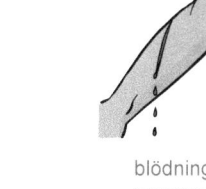

blödning

krvácení

hjärtattack

infarkt myokardu

slaganfall

cévní mozková příhoda

allergi

alergie

hosta

kašel

feber

horečka

influensa

chřipka

diarré

průjem

huvudvärk

bolest hlavy

cancer

rakovina

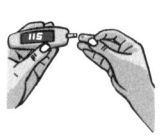

diabetes

cukrovka

kirurg

chirurg

skalpell

skalpel

operation

operace

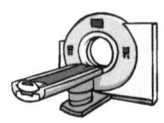

CT
CT

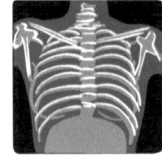

röntgen
rentgen

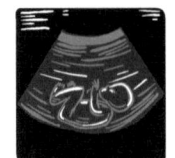

ultraljud
ultrazvuk

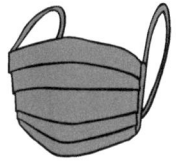

ansiktsmask
maska

sjukdom
nemoc

väntsal
čekárna

krycka
berle

plåster
náplast

bandage
obvaz

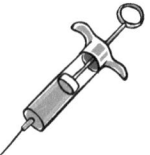

injektion
injekce

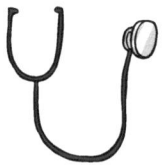

stetoskop
stetoskop

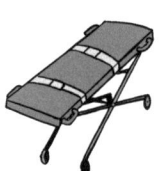

bår
nosítka

termometer
teploměr

födsel
porod

övervikt
nadváha

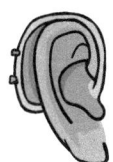

hörapparat

naslouchátko

desinfektionsmedel

dezinfekčni prostředek

infektion

infekce

virus

virus

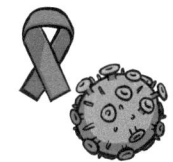

HIV / AIDS

HIV / AIDS

medicin

lékařství

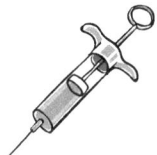

vaccination

očkování

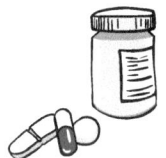

tabletter

tablety

p-piller

pilulka

nödsamtal

tísňové volání

blodtrycksmätare

tonometr

sjuk / frisk

nemocný / zdravý

Hjälp!

Pomoc!

alarm

poplach

överfall

přepadení

misshandel

napadení

fara

nebezpečí

nödutgång

nouzový východ

Det brinner!

Hoří!

brandsläckare

hasicí přístroj

olycka

nehoda

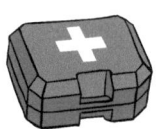

förbandsláda

zdravotnická brašna

SOS

SOS

polis

policie

Europa

Evropa

Nordamerika

Severní Amerika

Sydamerika

Jižní Amerika

Afrika

Afrika

Asien

Asie

Australien

Austrálie

Atlanten

Atlantik

Stilla Havet

Pacifik

Indiska Oceanen

Indický oceán

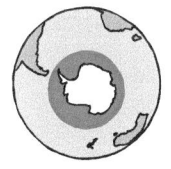

Antarktiska Oceanen

Jižní ledový oceán

Arktiska Oceanen

Severní ledový oceán

Nordpol

severní pól

Sydpol

jižní pól

Antarktis

Antarktida

Jorden

země

land

pevnina

hav

moře

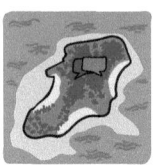

ö

ostrov

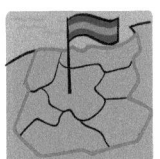

nation

národ

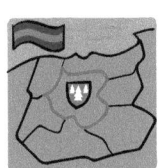

stat

stát

urtavla

ciferník

timvisare

hodinová ručička

minutvisare

minutová ručička

sekundvisare

vteřinová ručička

Vad är klockan?

Kolik je hodin?

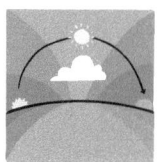

dag

den

tid

čas

nu

teď

digital klocka

digitální hodinky

minut

minuta

timme

hodina

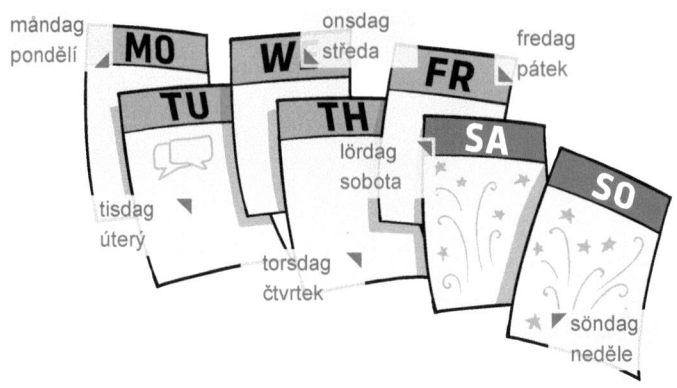

måndag / pondělí

MO

onsdag / středa

W

fredag / pátek

FR

TU

TH

lördag / sobota

SA

tisdag / úterý

torsdag / čtvrtek

SO

söndag / neděle

igår
....
včera

idag
....
dnes

imorgon
....
zítra

morgon
....
ráno

middag
....
poledne

kväll
....
večer

vardagar
....
pracovní dny

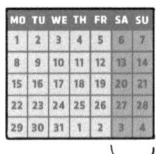

helg
....
víkend

regnbåge
duha

regn
déšť

vind
vítr

snö
sníh

vår
jaro

höst
podzim

sommar
léto

vinter
zima

4.APRIL	11°	☀
5.APRIL	4°	☁
6.APRIL	13°	🌧
7.APRIL	8°	❄
8.APRIL	10°	☀

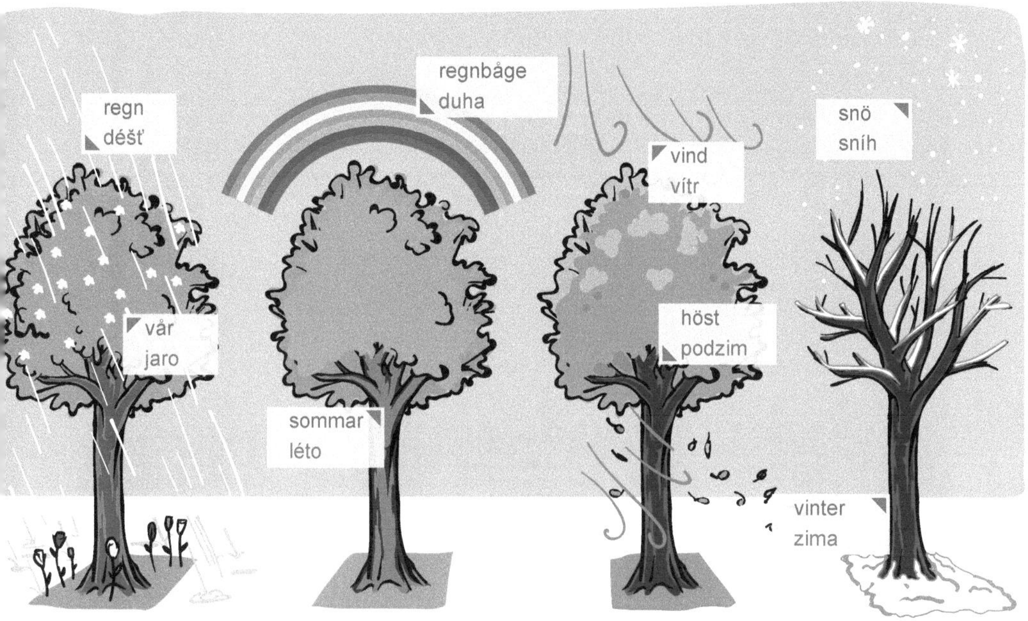

väderprognos

předpověď počasí

termometer

teploměr

solsken

sluneční svit

moln

mrak

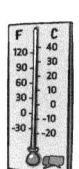

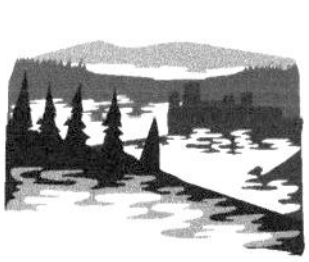

dimma

mlha

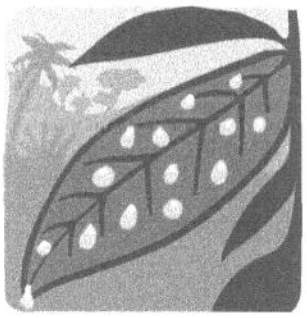

luftfuktighet

vlhkost

blixt

blesk

åska

hrom

storm

bouřka

hagel

kroupy

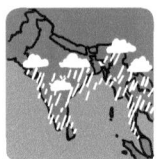

monsun

monzun

översvämning

povodeň

is

led

januari

leden

februari

únor

mars

březen

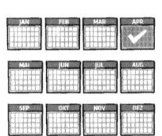

april

duben

maj

květen

juni

červen

juli

červenec

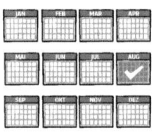

augusti

srpen

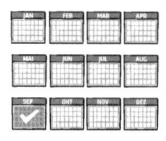

september
....
září

oktober
....
říjen

november
....
listopad

december
....
prosinec

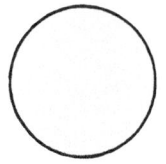

cirkel
....
kruh

kvadrat
....
čtverec

rektangel
....
obdélník

triangel
....
trojúhelník

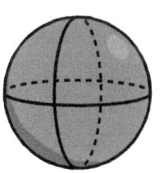

sfär
....
koule

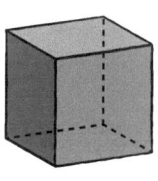

kub
....
krychle

vit

bílá

gul

žlutá

orange

oranžová

rosa

růžová

röd

červená

lila

fialová

blå

modrá

grön

zelená

brun

hnědá

grå

šedá

svart

černá

mycket / lite

hodně / málo

arg / lugn

rozzuřený / mírumilovný

vacker / ful

krásný / ošklivý

början / slut

začátek / konec

stor / liten

velký / malý

ljus / mörk

světlý / tmavý

bror / syster

bratr / sestra

ren / smutsig

čistý / špinavý

komplett / ofullständig

úplný / neúplný

dag / natt

den / noc

död / levande

mrtvý / živý

bred / smal

široký / úzký

ätlig / oätlig

jedlý / nejedlý

ond / god

zlý / hodný

upphetsad / uttråkad

vzrušený / znuděný

tjock / smal

tlustý / hubený

först / sist

nejdříve / naposledy

vän / fiende

přítel / nepřítel

full / tom

plný / prázdný

hård / mjuk

tvrdý / měkký

tung / lätt

těžký / lehký

hunger / törst

hlad / žízeň

sjuk / frisk

nemocný / zdravý

olaglig / laglig

ilegální / legální

intelligent / dum

inteligentní / hloupý

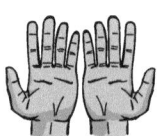

vänster / höger

vlevo / vpravo

nära / långt bort

blízko / daleko

ny / begagnad

nový / použitý

inget / något

nic / něco

gammal / ung

starý / mladý

på / av

zapnutý / vypnutý

öppen / stängd

otevřeno / zavřeno

tyst / högljudd

tichý / hlasitý

rik / fattig

bohatý / chudý

rätt / fel

správný / špatný

grov / slät

drsný / hladký

ledsen / glad

smutný / šťastný

kort / lång

krátký / dlouhý

långsam / snabb

pomalý / rychlý

våt / torr

vlhký / suchý

varm / sval

teplý / chladný

krig / fred

válka / mír

0	**1**	**2**
noll	ett	två
nula	jedna	dva

3	**4**	**5**
tre	fyra	fem
tři	čtyři	pět

6	**7**	**8**
sex	sju	åtta
šest	sedm	osm

9	**10**	**11**
nio	tio	elva
devět	deset	jedenáct

12

tolv

dvanáct

13

tretton

třináct

14

fjorton

čtrnáct

15

femton

patnáct

16

sexton

šestnáct

17

sjutton

sedmnáct

18

arton

osmnáct

19

nitton

devatenáct

20

tjugo

dvacet

100

hundra

sto

1.000

tusen

tisíc

1.000.000

miljon

milion

engelska

angličtina

amerikansk engelska

americká angličtina

kinesisk mandarin

standardní čínština

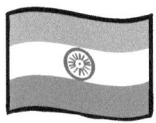

hindi

hindština

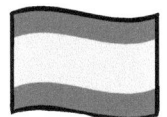

spanska

španělština

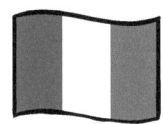

franska

francouzština

arabiska

arabština

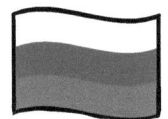

ryska

ruština

portugisiska

portugalština

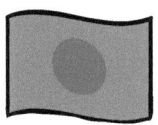

bengali

bengálština

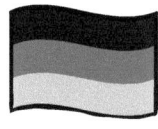

tyska

němčina

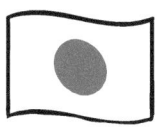

japanska

japonština

jag

já

du

ty

han / hon / den (det)

on / ona / ono

vi

my

ni

vy

de

oni

vem?

Kdo?

vad?

Co?

hur?

Jak?

var?

Kde?

när?

Kdy?

namn

jméno

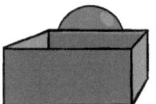

bakom

za

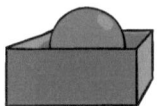

i

do

framför

z

över

nad

på

na

under

mezi

bredvid

vedle

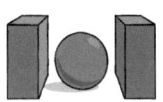

mellan

mezi

plats

místo